Jamais Jamais

# AB型

# 自分の説明書

文芸社

# はじめに

コンニチハ、もしくはハジメマシテ。
Jamais Jamais と申します。
以前、『B型自分の説明書』という本を書いたところ、
びっくりするくらいの反響がありました。
中には「他の血液型の本も出してほしい」という要望もあり、
続いて『A型自分の説明書』という本を書いたところ、
これもまたびっくりするくらいの反響がありました。
ありがとうございます。
これまでの経験をもとに、
またAB型のみなさまのご協力をもとに、
AB型の説明書を書かせていただくことになりました。

では早速、説明書を作りましょう。

# 目　次

# AB 型自分の説明書

# 1　本書の使い方

これは、
自分を知りたいAB型の、AB型の実態を知りたいAB型以外のための、AB型説明書です。

「何考えてるか分かんない」とか、「顔がいっぱいある」など、こんなふうにAB型ってだけで奇人変人みたいに言われます。
AB型と知られると、初対面の人との間に微妙な空気が流れます。しら〜。
だけども、
AB型はなんにでも無関心で、ふらりふらりなわけじゃない。
熱く燃えたぎるときだってあるし、単純で分かりやすいんだ。
ところが、
人一倍「人を気遣う」AB型だから、相手の意見を否定できない。
おまけに自己分析の苦手なAB型だから、ほんとうは自分のこともよく知らないのかもしれない。
世間一般に言われているAB型像はきっと表の部分。じゃあ、裏は一体どーなってるの？
それは全く逆かもしれない。あるいは全く別モノかもしれない。
では1つ例を。
　表「AB型は合理主義。とても冷たい」

いえいえ、

　裏「AB 型は無償で人を助けるんです」

なぜ、この矛盾が生まれるの？

それは、

自分よりも人のことを真っ先に考えてしまうから。

もちろん譲れないものはある。だけれどそれは相手も同じ。

人の目線に立つことができるから、誤解を誤解と思わない。

そう思ってはいるんだけれど、なんだかモヤモヤする。でもやっぱり言わないでおこう。というとこから誤解が生じるわけなのです。

誤解されたままでいるのはもうたくさん。

「あなたはどういう人ですか？」

「私はこういう人間です」

をうまく伝えるには、まず自分を考えることから始めましょう。

<本書完成までの STEP >

1　ページをめくるその前に、「あくまで AB 型の傾向っぽい」と頭で唱える。
　じゃないと「違うよこれ。当たってない」とムキになります。

2　外では 2 人以上で読むこと。誰かがいないと恥をかきます。
　やれば分かる、その理由。

3　さて、まずはご一読。冷静さは捨てましょう。

4　当てはまる項目にチェックを入れる。説明書完成。

5　重要ポイントはマーカーでチェック。

6　さて、誰かとお近づきになりましょう。

7　「いよいよ自己紹介」に胸おどらせておく。

8　自分説明書を読んでもらう。また、予習・暗記して口頭で実践もよし。

9　相手と仲よしになる。ケンカもする。一段落。

10　応用して、今度は自分の言葉で説明書を作ってみる。

# 2　基本操作　自分／行動

「私は」「AB 型は」「あの人は」

□　AB 型の自分が好き。

□　**つかみどころがない。つかめないよ誰にも。**

□　だって自分でもつかめないから。

□　あえてアピールもしない。めんどーだし。

□　どうせ分かってくんないモン。

□　というあきらめの早さ。

□ 自分には天才的なトコロがある。ような気がする。

□ でもそれがなんなのか、よく分かんない。

□ 発しているオーラがなんかどっかヒトと違う。
単なる奇人かもしれない。ていう心配。

□ **オープンな性格。でも呼び込み看板は出ていない。**

□ 「二重人格でしょ？」って言われたら、耳を閉じる。パタンっ。

□ そしてその言葉をポイする。

□ ついでにそいつもポイっ。

□ だって三重、四重人格の人だっているし。失敬なやつだ。

□ なのに「そうじゃないんだ！」とか否定しない。

□ でも「そうだ」とも認めたくない。

**□ 自動的にお世辞が出る。**

**□ オートで笑顔が出る。**

**□ というか、その時々の対応は全自動設定。**

□ あー、この場合なんて答えたらいいだろ？　なんて考えない。
ナチュラルに出す。出る。

**□ 「順番通りで確実」よりも「早くて確実」を選ぶ。**

□ とにかく要領よく進めたい。
手っ取り早いけど、抜かりなくね。

**□ なんでも合理的。なんだかそうなっちゃう。**

□ そのせいで、「わがまま」全開になる。

□ 貧乏くじを引いても恨んだりしない。

□ すぐ忘れちゃうから。

□　ずるいことする。

□　し、自分でも「ああ、やりますなぁ」って思う。

□　そんで、「いい人」のポジションを狙っていいことしようとは思わない。

□　**いいことしてあげるのは無償で。**

□　だから偽善はキラーイ。
やらないし、そんなもんいらなーい。

□　ボーッとしていると死ぬ。ような気がする。

□　だから何かいつも動いている。何かしてる。

□　分からない性格って言われる。

□　でもその理由の方が分かんないよと思う。

□　ものすんごく分かりやすいのにーと思っている。

□　だっていつも自然体だから。

□ ありえないプランを本気で考えて周囲が困惑する。

□ 何がダメなのか分からない。

□ **「言いたいこと」言えないんじゃない。言わないんだ。**

□ 話題があっちこっちへ飛ぶ。

□ のは、その話興味ねーと思ってたらたまたま目に入った「こっちのがおもしろいじゃん。ところであれさー」ってなるから。

□ 基本的にだらしない。

□ けど、あいつだからしょうがないと許される。

□ で、それに乗っかっとく。
そうそう。しょーがない、しょーがないよ。

□ **とんでもないハッタリをかます。**

□ それが実現しなくても悪びれずに笑顔、笑顔。
それはそれ、で、これはこれ。

**□ 「土足で心に入ってくんな」オーラが出る。笑顔に。**

□ いきなりすごいことがひらめく。
あ、きたきたきた。

□ だから、それをみんなに報告してみた。

□ 結果、見当はずれなことを言ってまわりを「……」させる。

□ 気にしなーい。

□ 他人の意見に左右されない。

□ し、味方がいなくても主張を曲げない。曲がらない。

□ 「説得できるものならしてみろ、こいっ」とか思う。

## □ 脳みそを半分ずつ同時に使う。

□ というか脳みそを何分割にもする。

□ それをいっぺんに動かしても、「あれとそれがあーで、どれだ？」にならない。

## □ 自分に嘘つかない。

□ そのせいでゴタゴタに巻き込まれる。
ああ、めんどくせー。

□ てコトがよくある。

□ でもこーゆー風にしかできないんだもん。

□ で、ちょっとごにゃごにゃした気持ちになる。

□ 世間に物申したいといつも思っている。だけ。

□ **肩書きなんて屁とも思わない。どーでもいい。**

□ だから相手の肩書きがものすごくても、ガクガクしない。

□ 少年のような目をしている。キランキランしている。
今度ジっと見てごらん。

□ あんまり見られたくはナイけどね。

□ **ギャップの人。**

□ でも決してモテる系ギャップじゃない。
クソッ、モテる系ってなんだ？

□ 「空気読まないね」って誰かに言われる。

□ と、「ふうん。なんか納得いかねぇ」と思う。

□ で、「そんなことないよ」って反撃するけど、その後グダグダ言われると、ああーメンドクサイっ。

□ 突然、無言になって周りをソワソワさせる。

□ のは意識がどっか遠くへ飛んでっちゃったから。

□ その間、自分はここにいない。

□ で、思い出しニヤニヤする。

□ **自分ほどズボラなヤツはいない。**

□ でも、やるときはやるよ！

□ 自分が本気になったら誰もかなわない。本当に。

□ とか思ってる。

□　無茶する手前できちんと止まる。

□　前方確認。よし。

□　後方確認。よしっ。

□　で、巻き込み確認はしない。

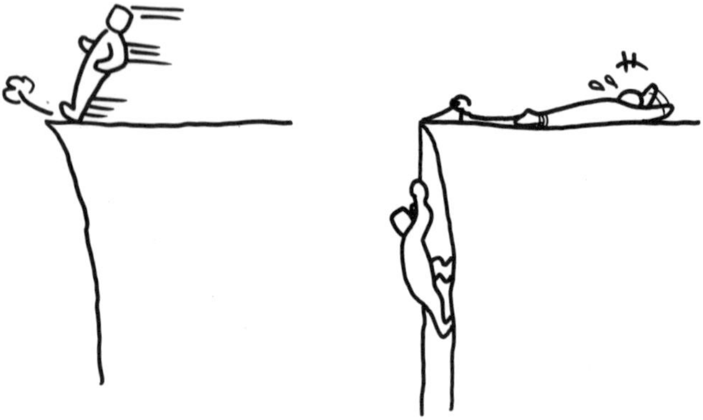

□　だから自分のペースにヒトを巻き込む。らしい。

□　「いきあたりばったり」「ぶっつけ本番」しない。コワイから。

- □ 毒舌って言われる。
- □ 全然そう思ってないのに。
- □ 悪口じゃない、批評なんだ。
- □ 悪気なんて全然ない。
  だからそんなにムキになるなよ、メンドクサイな。と思う。

## □ 頭の回転が絡まんない程度にフルスピード。

- □ 頭のある部分はカタイ。
- □ でもヤワイとこもある。
- □ だから、ぶっ飛んだ考え方も理解できる。
- □ し、常識的なことも分かる。
- □ あまのじゃくだと自分でも思う。
- □ けど人には「チガウヨ」と言うあまのじゃく。

□　記憶力はナイ。

□　てゆーかたぶん最初から覚える気ナイ。

□　興味がなかったんだろうなぁ。うん。

□　１回やれば全部を知ったと勘違いする。

□　「喜怒哀楽」のコントローラーは持っていない。

□　おうちで「楽」が出すぎるくらい。

□　「怒」はたまに出す。計算で。ホントは怒ってない。

□　下準備８割、実行２割くらいの時間配分。

□ **ダマすくせによくダマされる。**

□ でもダマされたことすら気づかない。

□ で、誰かに「ダマされてるよ」って言われると、「ダマされてません」と言い張る。

□ **自分のうわさや陰口なんて、届かない。聞こえない。**

□ **フリ。**

□ ホントはムっとするし、けっこう落ち込んでる↓

□ **欠点を指摘されても、聞き流している。サラサラ〜。**

□ 興味ナイ。

□ 聞きたくナイ。

□ 直ることもそうそうナイ。

□ 右と言われたら、「なぜ？」って聞く。
左と言われたら、「なぜ？」って聞く。
その通りだと思ったら、「そうだね」って言う。
ちがうなと思ったら、「時間取らせんなっ」と思う。

□ 心の切り替えができる。

□ **悩みのＯＮ／ＯＦＦスイッチがある。カチっ。**

□ ウダウダそればっか考えちゃって、あああああぁぁぁしない。

□ ハアアアアアァァァァァ↓いよっし。復活！

□ 言っていることは９割本心。あとの１割は、まぁアレだよ。

□ で、だいたい疑われる。というオチ。

□ **三日坊主らない。**

□ あーあ、飽きちゃったよポイっ。とかない。

□ つもり。ポイしたものを忘れてるだけ。

□ **皮肉とハッタリが唯一の武器。**

□ 殴り合い？　やだやだ、痛いじゃんかぁ。

□ でも「〇〇子さん？　ここにほこりがたまっているわよ」
みたいなネチネチは大キライ。

□ 「心のかっとう」はしない。

□ 天使も悪魔も飼っていない。

□ 飼っているのはあまのじゃくだけ。

□ 孤独が怖くない。

□ むしろ楽しんじゃってる。１人を。

☐ ごろごろ、ごろりんするのは大得意。
ゴロゴロ、ゴロゴロゴロゴロＺＺＺＺＺＺＺＺ。

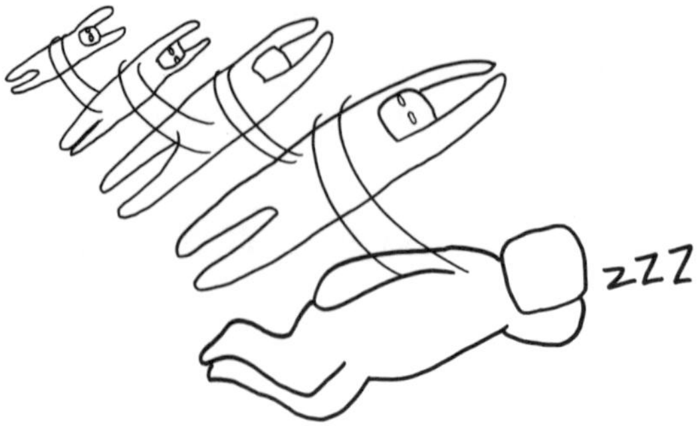


☐ って知らないうちに爆睡。

## ☐ きのうの話を引きずらない。

☐ でも、いつか復讐してやろうと覚えている。

☐ そのふたつに矛盾は全くナイ。ナイよ。

## ☐ 天然ドジ。

☐ を人前で繰り広げると、おちゃめキャラになる。

☐ 「あー、またやっちゃった★」とか言って。

☐ 自分だけの人生論を持っている。

☐ 誰にもあんまり語る気はない。

☐ まあ、いずれ酒でも飲みながら。

☐ の、「いずれ」なんてやって来ない。

☐ し、あってても自分じゃなくて誰かの人生論を聞かされるハメになる。

☐ **「ど根性」という言葉が大嫌い。**
「ど根性見せろ！」「いやだよ」

☐ **ムキになりたくない。**

☐ 「でもムキになってるよ」って言われても、「なってません」って言う。

☐ 「えぇ？　なってるじゃん」「なってません」
「なってるよー」「じゃあ、それでいいよ！」
と言ってムキになる。

- □ なんでもソツなくこなす。
- □ ように見えるだけ。こなせないものは人前でやらない。
- □ けっこうできないことある。でもナイショ。
- □ 興味があれば、どんな会でも、出席する。
- □ でも早く帰りたいと思っている。
- □ 人前で話すの得意。
- □ でも、大勢の前で話すのはニガ手。
- □ 出番がくるまでのドキドキ感がイヤ。
- □ 緊張しすぎて、「ああ、吐きそうだよう」ってなる。
- □ **ウソが高度。**
- □ しかもウソついてる自覚ナイ。
- □ 自分の中ではウソじゃないと思っている。
一番いい結果になるのが最優先だしー。

□ **ヤリ手。**

□ **のクセに豪腕じゃない。**

□ から、いつも二番手で終わる。モヤンてする。

□ **不安じゃなくするための準備を徹底。**

□ だから失敗するならそれはもうしょうがないんだ。と開き直る。

□ **たとえるなら、家ネコよりノラ。**

□ フラ〜フラ〜ってする。で、寝る。

- □ **人の悪口や馬鹿にすることは大キライ。**
- □ その場にいない人のこと悪く言ってもしょうがないじゃんと思う。
- □ というか関心がない。
放っといてやれよ。色々あんだよきっと。ってなる。
- □ 「自分は相当な人物なんじゃないか」とか思ってる。
- □ **100％のウソ笑いを出す。**
- □ **爆笑しているときはたいていウソ。**
- □ 脳内は「このあと、どーすっかな」みたいなこと考えてる。
- □ 話の結論は最後の最後に出てくる。
- □ 「まずは結論から」とか好きじゃない。
- □ だから、言い終わる前にカブせられる。とイカる。
- □ 「は・な・し・を最後まで聞けー!!」
じゃないと後悔することになるよ。いいんだね？

□ **理屈に合うことが好きだ。**

□ 合わないと、動かざるコト山のごとし。
「それ、拒否します」

□ **情や感覚で大事なことを決めたりしない。**

□ 常にほかのこともやってみたいと思っている。

□ そのせいか、いつの間にかちがう道を歩いていた。

□ 「これ一筋でガンバってます」しない。

□ でも脇道にそれたらその道をすごいガンバる。

□ そして戻ることはない。二度と。

□ **複数のことをまとめてガーっとやっちゃいたい。**

□ で、やったらできた。ヤッター！

□ っていうつまんないダジャレには微笑み返しする。無言で。

- □ **「自分はこれで終わる人間じゃない」**
- □ という願望。
- □ ルールを超えた正しい行動をしたいと思っている。
- □ 超えるんだ。無視じゃないよ。超えるだけ。
- □ **プライド高め。**
- □ **プライドは「見栄」じゃない「誇り」だと言い張る。**
- □ お金はないのに元気はある！
- □ みたいな、「だから？」ってゆーコトをよく言う。
- □ 「不可能」と「無知」の違いはちゃんと分かる。
ほらね、「だから？」ってなるって言ったじゃんかー。
- □ がんばる価値がないと感じたものには見向きもしない。
プイっ。

□ **えらいロマンチスト。**

□ **メルヘン的空想の世界にどっぷりひたる。**

□ つまりなんていうか、簡単に言うと、現実逃避。

□ で、誰かによって強制的に引き戻される。

□ そして、現実の世界にはそうそうナイってことをちゃんと分かってる。

□ もっとほめてもらいたい。

□ 恥ずかしくなるくらいに！

□ ああ、やっぱ恥ずかしい。

□ すぐに自信をなくす。ベッコリする。今だけ。

□ ミスしてるよってあらためて言われると倒れたい。ドタっ。

□ **自分がどう思われているか全然分かんない。**

□ かと言って気にもしない。

□ **緊急事態が起きたときパワーアップする。**

□ ものすごいピンチでも、「あわわわわ」とかしない。

□ この「あわわわわ」ってなんだろう。まぁ、あんまり言わない。

□ **素直そうで、けっこうガンコ。**

□ 絶対動かない。心が。

□ 人の前では譲歩する。

□ フリ。

□ **脱線人生。**

□ **まっすぐ延びた道を歩いていると猛烈に曲がりたくなる。**

□ それは人生においてもそう。

□ グニっと曲がっちゃって今がある。

□ 根回しする。し、その技術は最高値。

□ 自分を敵にまわしたくない。

□ し、そうしちゃった人を「かわいそうに」と思う。

□ **一度聞けば手順はバッチリ。**

□ だから「そんなに何度も言わなくていいって」的な人がヤダ。

□ 感謝よりも達成感がなによりのご褒美。
やってやりましたよ。フフン♪

□ **「気づかぬふり」がウマイ。**
見てないヨ、聞いてないヨ。だからそんな慌てなくてもいいのにー。

□ で、その慌てっぷりも気づかぬフリする。
そんな慌てたらバレバレなのに。

□ 分かんないけど、とにかくどこかの何かを閉じている。

□ 「あぁ、あー。うん。たしかにそう。分かんないけど」って思う。

□ **淡白そうで執念深い。**

□ 奥の方の引き出しにしまってある。あのことね。

□ 独占欲が強い。

□ 欲しい物は確実に取りにいく。

□ そのためなら屁理屈だってこねる。

□ わがままだなーと言われる。

□ でもゴネる割に、あきらめ早い。
「ムリならいいや。忘れて」

□ ウダウダする前に行動に出る。

□ 哲学とか心理学っぽいことはあやふやで分かんない。
スタートしたらゴールがいっぱいっ！　みたく。

□ しかも、「もはやそれゴールじゃねぇっ」ってゆうのもアリ。ってとこがさらに分かんない。

□ そして、「人の心を勝手に決めつけんじゃねー！」と思う。

□ **そう見えないけど純粋。**

□ 一応、そう見えなさそうなコトは自覚している。

□　大事なコトの選択肢が多いと迷う。ウロウロする。
　　あーどうしよ。分かんない。どーしよ……。ゴハン食べよ。

□　って途中放棄する。

□　**どーでもいいコトを口にする。**
「あー、今日お昼いっぱい食べたぁ」

□　オチなんてない。

□　**色んな血液型に変身する。へ〜んシンっ！**

□　だから、他の血液型に間違われることが多々。

□ 自分で決めた最優先事項に勝るものなし。

□ 他がお留守になる。

□ てゆうか、する。ヘイキで。

□ **けっこう世話焼き。**

□ だし、「よけいなお世話」「ありがた迷惑」になる。

□ でも「見返りはいらないんだ」ってコト分かってほしい。

□ だからかわいそうなんかじゃない。かわいそうじゃないもん。

□ たまに金銭感覚とかどーでもよくなる。

□ で、どーにもなんなくなる。

□ できない人間ははじかれるものと思っている。

□ で、自分はちがうと思っている。フ〜ン♪

# 3　外部接続



□ 去る者は追わない。
どーぞどーぞ。さよならー。

□ 来る者は拒まない。
おいでー。そこのラインまでね。

□ 好きな言葉は「親しき仲にも礼儀あり」

□ ことあるごとに言う。親しきヒトに。

□ 自分をとりまく人とベッタリな関係はイヤ。

□ つかず離れずがちょうどいい。

□ 人の「悪いとこ」は探さない。

□ 人の「イイとこ」を探す。

□ で、ベッタベタに褒め倒す。

□ 相手もノリノリになったところで、
「なんだこの人？　めんどーだな」って思う。

□ **悩み事は相談しない。**

□ 言っても解決しないから。

□ しかも、放っといてくれと思う。

□ 誰かに言って、毎回「大丈夫？」とか言われるのはウザったい。

□ **相手の懐にドーンと入らないし、入れたくない。**

□ 家の者にはものすごく強気。

□ ダダをこねくりまわす。

□ **身内とケンカすると、子供なことする。**
次の日まで。

□ 「もークチきかなーい。そっちが最初だし」みたいなことする。

□ **「うちはうち、よそはよそ」に納得。**

□ のクセに「あの家はこうだ」と、都合のいいときだけゴネる。

□ し、ムリヤリねじ曲げる。

□ **自分の分野以外のヒトに興味津々。**

□ 飲み会で「気合いが足りない」とよく言われる。

□ 「気合い？　気合いってなんだよ。何をガンバるんだ」と思う。

□ 自慢するのはいつも自分のことじゃない。

□ 誰かだったり、何かだったり。

□ だってホントにスゴいと思ってるから。

□ 自分の自慢は、ん〜と、すぐには思いつかない。

□ 「スゴいね」ってよく言う。

□ でもホントにスゴいと思って言っている。

□ **自分にないものを持つ人を素直に認める。**
うらやんだりしない。

□ それが年下でもしかり。

□ 人には強くすすめるクセに自分では手を出さない。
これいいよー、絶対！　いや、知らないけども。

- □ **大事な人に大事なことを、告げない。**

- □ **誰かに何かを打ち明けるときは、いつも事後。**

- □ だから「突然の大告白」みたいになる。

- □ みんなビックリする。

- □ だから、決断した瞬間を誰も知らない。

- □ 言い訳をギャグっぽく言う。

- □ それをスルーして責められるとヘコむ。

- □ 「おもしろくなかったか？」と見当外れの反省。

- □ 「これをやれ」って言われると、
「なんで？　どして？　どこまで？　いつまで？　なぜ自分？」
って、しつようなまでに質問攻撃する。

- □ で、相手が「？」のち「怒」になる。

□ 仕方なく「人を待たせる」ことにはほとんど抵抗がない。

□ 悪気はいっさいなく、会えば懇切に明るく接する。

□ 自分が待たされるときは、その場から動かない。
ずっと待ってる。待ってるよ。ずっとね。

□ 「こういうことするのってダメだよね」って人に意見を求める。

□ のに、それが自分のことだったりする。

□ だから聞いている人がオドオドする。困り顔になる。

## □ 人の話への返答は「へぇ、ほんとうに」

□ その先は追求しない。興味ないから。

□ でも「ふーん」って突き放したりもしない。

□ 人の話が途切れても、途中のまま放置。

□ 「それで続きは？」とか言わない。

□ **利用できると思ったらとことん。**

□ たとえそれが物でも親友でも！

□ サイテーだけど悪気はない。
「なんてゆーか、それはそれ、これはこれ」ってヘリクツこねこねする。

□「何を言っても無駄だろうな」と思う人が何人もいる。

□ そーゆー相手は早々に見切る。

□ その人のなんだか分からないけど「何か」をあきらめる。

□ **口を出されると「あー、もおやんなっちゃった」って手を抜く。**

□ やる気度が一気に急降下する。ヒューン↓

□「自分がやったほうが早いなぁ」と思うときがよくある。

□ 異性でも意識されない。別にいいもーん。

□ だからかは分からないけど異性でもトモダチになる。

□ 友人にメールするとき、「はしゃいじゃってます」感を演出する。無表情で。
カシカシカ……シカシカシカシカシ。……ポチ。

□ なんかいつも、まずは遠巻きにされる。
気にしない。フンフーン♪

□ 自分から「ねえねえ」と話しかけると安心される。

□ でもやっぱ意識飛ぶ。

□ から、「またか」という顔をされる。
目の端で見えてますよ。

□ 理由もなく何かをしようとする人がいると、
「ちょっと待て」ってなる。

□ **他人は他人と割り切れてしまう。**

□ 盛り上がっている場から、姿を消す。サっと。

□ **裏表のあるやつが大嫌い。自分は当然たなあげデス。**

□ 誰かと誰かのケンカの間にはさまれる。

□ 刺激しない程度にとりなす。

□ そんなケンカの原因は自分。

□ でもあんまり悪いと思っていない。
もぉ、まったくこの人たちは。とか思ってる。

□ 自分にどう話しかけるべきか悩んでいる相手とバッタリ出くわす。よくある。

**□ ものをハッキリ言いすぎる人がヤダ。**

□ けっこうズキっとくるし。そう見えないけど。

□ そんで逆らいたくなる。
「言い方ってもんがあんだろがぁぁぁぁぁ！」って恐い人になる。

□ 感情表現を豊かに出すヒトがめんどくさいなと思う。
「泣きわめく」「怒り出す」「ギャーギャーする」

□「ああー、何？　誰がこの場をおさめますか？」って思う。

**□ 人づきあいはいいほう。**

**□ という自分設定。**

**□ 社交辞令はお手もの。**

□ そして、相手に本気にされてめんどくせっと思う。

□ 相手のテンションが上がるほどクールになる。
「そんで、そんで！　途中のまま、アハハハ↑」「そう」

□ **知らない人にはなつかない。相当警戒する。**
何？　ダレ？　ナニ、ナニ？　なんだよ、近づいてくんなー！

□ **誰かにつき合わされてる時間は楽しめない。**

□ 帰ってやんなくちゃなんないコトの色々が頭の中にいる。

□ ああああ、無性に帰りたい。「ねぇ、まだ？」

□ 人と目が合うと、とりあえず笑っとけ。ニカー。ってなる。

□ **ヒトが好き。**

□ 色んなヒトに出会いたい。今っ！　スグっ！

□ ああああ、時間もったいない！

□ あ、でも「広く浅く」ね。

□ 「狭く深く」はヤになっちゃうから。

□ 「あのとき厳しくしてくれてありがとう」っていう存在がいる。

□ その人が大好き。

□ だし、誰かにその人のコトを自慢する。

□ **ダメな人からも何かを吸収する。何かを。**

□ **あんまり深いつき合いでもない人が大事な相談をしてくる。**

□ 「え？」と思うけど聞いてあげちゃう。

□ 別れるときは突然。「そゆことで。じゃ、また！」

□ 名残を惜しまない。振り返りもしない。

□ だからある日「冷たい」って言われた。

□ 「そんなことないよ」と言ってほほ笑んでみる。

□ その日も「じゃ、また！」って帰ってゆく。スタスター。

□　怖い先生にも笑顔で近づく。

□　怖い誰かにも笑顔で近づく。
そんでかなり気に入られたりする。

□　思いがけないタナボタがやってきたり。ラッキー！

□　誰かと言い合いになると、最後の捨てゼリフが「あっそ、
じゃあそう思ってれば」になる。

□　他人に干渉しない。

□　ついでに自分にも干渉しない。

□　深く考えないから。

□　約束の時間よりたいてい先に来て待っている。

□　早く来てまったりお茶とかしてる。あ〜、お茶うめぇ。

□　**人のウソはすぐに分かる。**
「あ、今ウソついたよね」って思う。心の中で。

□　でも、つっこむと色々メンドクサイから知らないフリする。

**□ 「誰か論」は聞いてあげるけど、押し付けられそうになると一瞬でバリアをはる。**

□ 絶対防御。

□ 「そーゆー考え方あるんだ」という自分は違うよ宣言。

□ うさん臭い人間を嗅ぎ分ける。あ、クセぇ。何かある。

□ だから、必要以上に近づかない。

□ し、チャンスがあれば離れようとする。

□ ダメな先生はすぐに分かる。

□ し、チャンスがあれば離れようとした。ないけど。

□ **頼られると、ものすごくガンバル。**

□ **頼られなくても、ちょっとだけガンバル。**

□ **「何を考えているか分からない」が相手の常套句。**

□ 「単純なことしか考えてませんよ」と思う。

□ だから説明しようと考えると、頭がもにゃもにゃするから「やーめた」ってなる。

□ 最後の最後に折れるのは自分。妥協しちゃう。

□ だってめんどクサイから。

□ **「1から10まで説明しなくても分かってくれよ」と思う。**

□ **色んな人の集まる中で、だいたい軌道修正の役。**

□ それたら戻す。それたら戻す。のくり返し。

□ ああ、またなんかとんでもない方向へ。
「で、結局こうだよね？」とか言って戻すハメになる。

□ 血液型の話がでると、はい、出ましたー。と思う。

□ でも実は血液型の性格判断をちょっと信じている。

□ なぜかまわりには AB 型の人が多い。

□ **思いがけずもらう、あったかい言葉に弱い。**

□ **その後、恩着せがましくされるとキライになる。**

□ 自分が誘ったときは絶対に来てくれるものと信じている。

□ 拒否されても「あっそ」ってなる。

□ くやしいからじゃなく本当に気にしてない。

□ **みずから沈黙することが多い。**

□ **その場で沈黙がいくら続いても全然ヘイキ。**

□ だし、「あー、相手が困ってるなあ」と思うだけで沈黙続行。

□ 誰も見ていないと投げやる。ポーイっと。

□ B型よりはずっと常識人だと思っている。

□ A型には「大丈夫だよー、怖くない怖くない」って優しくなる。

□ O型がまた何か言ってるな、まあ放っておこう。

□ 相手がAB型だと知ったら、「ああ、そうなんだ」と思う。

# 4　色々な設定　傾向／趣味／特技



□　きもちのわるい変なものに興味シンシン。
何だコレー。おもしろいな。

□　**つまり趣味が変。**
「キモかわいい→可愛らしい（カエルとか）」
「不気味→おもしろい（ピエロとか）」
「芸術っぽい微妙な絵→いいセンスだ（ヘタウマな絵）」
みたいな解釈。

□ ボケとツッコミならツッコミ肌。

□ のように見えて実はボケ。

□ いじられるとイイ味が出る。

□ 放っとかれると隠し味は本当に隠れたまま終わる。

□ 気づかれずじまい。チャンチャン。

□ **石橋を叩く前に分析。**

□ この石、叩いて割れないかな。って石の成分を調べる。

□ 身につけているモノ、上から下まで締めて5000円以内。

□ **ブランドや値段なんていっさい気にしない。気に入ったもんが最高級。**

□ メガネが独特。デザインとか配色に凝ってる。

□ **文を書くときセリフの文章は少ない。要点をおさえ、的確に。**

□ **自分のデスクの上が迷いの森になっている。**

□ でも迷うのは他人だけ。

□ 「どこに何があるか把握できています。勝手にいじらないでクダサイ」

□ 「何を作っているでしょう？」という製造過程クイズ番組にキュンとくる。

□ 趣味や好みは子どもの頃からまったく変わらない。

□ ウンチク大好き。

□ 「へぇ、なるほどな」っていう納得の説明とその過程に胸躍る♪

□ 自分にとっては無駄じゃないムダ知識。

□ トレードマークになる服装やアクセサリーがある。

□ てゆーか、ホントは毎日変えるのがメンドクサイだけ。

□ **モノをどこに置いたかすぐ忘れる。**

「メガネ」「ケータイ」「鍵」「あれ」とか「それ」

□ それらは、「ココに置きました」じゃなく、「自分が行動した途中」に置き去りにされている。

□ 自虐トークが得意技。

□ でも人から言われすぎると静かにキレる。
色んなものが湧き出てくる。んのやろー！

□ とはウラハラに「ははは一……」ってだんまり。

□ ケータイの分厚い説明書を見ると、心臓がドキドキする。
「先生、動悸ですか？」

□ 精神的には、ドけっぺき症。

□ 部屋とかシンプルにしたい方。グチャグチャはやだ。

□ でもあくまで精神的。

□ 実際には恐ろしいことになっている。見たくない。

□ 「時間ないからしょーがないじゃんかぁ！」って自分で自分に言い訳。

□ どんなルールも絶対！　な気はしない。守るけど。

□ というか、規則にだって限界がある。

□ さあて、どこの矛盾点をついてやろっかなーってもくろみ中。もんもんもん。

□ ひとの名前をなかなか覚えない。

□ とゆーか、「あんまり聞いてませんでした」って、先生に当てられた学生みたいなコト言う。

□　スナック菓子が大好物。

□　ＴＶ見ながらバリボリやるのがたまんない。

□　でも一応、健康を気にはしている。

□　できれば身体ははげしく動かしたくない。というのが第１希望。

□　でもスポーツは好き。

□　なのに最近は家ストレッチで自分の体をダマしている。ほら～、運動してるよ。のつもり。

□　プラモ製作みたいなちまちま作業をちまちまやる。

□　ヒトから見たらたぶんイライラするだろうな。

□　だから見ないでクダサイ。放っといてクダサイ。

## □ 他人を家にあげたくない。

□ 自分のテリトリーに侵入されると、んなぁぁぁああああ自分の場所があぁぁ。ってなる。
「うんと、じゃあ玄関で待ってて」

□ 本棚をいじられるとキレる。何やってんだーっ!!

## □ 掃除がおおざっぱ。

□ あっちのものをこっち。こっちのものをあっち。

□ 本類はこのへん、雑貨はこのあたり。

□ 細かく分類して順番、大きさ通りに……しない。

□ いったん読みはじめたら全巻一気に読んじゃいたい。

□ だからけっこう大人買いする。

□ し、本屋に入ったら長――――――――――い。
同じ所をウロウロ。ずっといる。

□ 友人の家でひたすらマンガを読み、「じゃあ」と帰る。

□ **いいトシこいて、子どものおもちゃで遊んでみる。**

□ 「ちょっとやらして」とか言って横取る。

□ でも、ちょっとやったら満足。
なるほど。うん、もう分かった。

□ 大人げないイタズラをやる。

□ 寝ている友達のまぶたに目を描くのは序の口。

□ １日くらい食べなくても大丈夫。

□ １日くらい寝なくても大丈夫。

□ １日でも帰らないと大丈夫じゃない。

□ 早く帰りたい。一刻も早くっ。でゴロゴロしたい。

□ だから、おうち大好き。

□ でも旅行とかでは帰れなくてもヘイキ。

□ 本を読むのが好き。あの１人の時間がたまらない。

□ そして知らないうちに夢の中。

□ どこまで読んだかうろ覚え。

□ だから、また同じ所を何度も読む。

□ で、全然進まない。犯人とかずっと分かんないまんま。

□ タイムマシンの使い道は？
「万馬券を買うことでしかあり得ない」

□ どちらかというとハデな色づかいの服が好き。

□ コントラストの強い色を使いたい。

□ でも全体的じゃなく、一部だけ。

□ センスがイイ。という思い込み。

□ じゃなくてそうなんだ。

□ 造花か生花かにこだわる。

□ で、造花でもよくできているとウットリしちゃう。
「この部分のここが最高にいいね」

□ 中身のない単純なＴＶを見る。

□ それで空っぽになる。脳をお休みさせる。

□ **改行が多い。**
ちょっとでも、
事柄がちがったら、
改行させないと。
読みやすいようにね。（わぁ、スゴイ読みづらい）

- □ 社会奉仕が好き。
- □ 仲間たちのために献血しなくちゃ！　と思ったりする。
- □ だけで、したことない。
- □ **街頭募金に応じない。**
- □ **だってハマると怖いから。**
- □ だから募金もボランティアも応じない。
- □ 一定距離をおいて近づかない。半径8メートルを守り抜く。
- □ じゃないと、止まんなくなること知ってるから。
- □ でもそんな自分がキライじゃないんだ★
- □ **よく独り言をつぶやく。**
- □ **ごにょごにょじゃなくて、話しかけている風。**
- □ だから、近くにいる人が戸惑う。「自分ですか？」みたく。

□　習い事が好き。

□　だから色んな資料を集めた。

□　その後、そのまま放置している。

□　たぶんあの辺にある。その上には色んなものがどっさり。

□　のくり返し。

□　裸足が好き。

□　**「趣味が多い」×3くらいある。**

□　でっかい買い物が好き。ドカっと買う。

□　趣味に使う金額がスゴい。どれくらい？
それはまあ、とにかくスゴいんだ。

□ **いい映画やドラマにのめり込む。**

□ **それを１人でかみしめる。**

□ 誰とも分かち合わない。し、分かち合えない。

□ だから、誰かと映画に行っても、「あのシーンがなんたら〜」とかない。

□ そして、しばらく自分ワールドから出たくない。

□ 「やだ〜。まだここにいたいんだ！」ってずっと夢見隊。

□ 普段からあんまり泣かない。涙筋はカタめ。

□ 泣くときは１人でひっそり泣く。

□ 実はモノマネが得意。

□ なのに、一度も見せたことはない。できる意味ない。

□ それでも１人のとき練習してる。こっそり。

**□ 機能性を重視した安物のカバンを愛用する。**

□ 中身が整っているようでゴチャゴチャ。機能性もムダ使い。

□ とりあえず、ポケットごとに分類。

□ でも、必要な物しか入っていない。（折りたたみ傘は常備）

□ と思ったら、こんなところによく覚えていないレシートを
発見。

□ ポッケに、ガムも買えないような小銭がいた。

□ 鍵が迷子になっている。

□ だからすぐ家に入れない。

□ し、家の中でも行方不明になる。で、朝探すハメになる。

□ から、あわてて家を出る。

□ で、家を出たあと、数秒で戻ってくる。
「ああ、忘れ物、忘れ物！」を、数回くり返す。

□ パーティーの達人。

こんなグッズ売ってそう。何か知らないけど。

□ パチンコより競馬派。競馬より麻雀派。ロン！

□ クロスワードパズルが好き。

□ 頭脳系クイズの本やる時間が最高の癒し。もう 3 冊目。

□ 個人競技が好き。

□ 実は密かに本気を出している。

□ でも、「魂が燃えてるぜ！」とかはスゴイ恥ずかしい。

□ から、ここだけの話にしておく。

□ **何かを考える時は消去法をたくみに使う。**

「あれダメー。それダメー。はいコレー。決定」

□ チームプレーにも比較的なじむ。

□ でも、より以上の働きをしようとしない。

□ スケジュールがみっちりだと安心。

□ 予定を書き込んでいると、すごく幸せ〜。

□ で、調子こいちゃって全部できない。グダグダになる。

□ ヘコむ。あああぁぁぁぁ、できなかったぁぁぁぁ。

□ ってゆーそばから明日の予定を追加する。

□ 全然こりない。「ん？　何か？」

## □ 部屋が汚い。

□ 歩くスペース以外のところに色んな物を積み上げる。

□ 「とりあえず歩ければいいや」とか言って、全然「とりあえず」じゃない。

□ ここ2、3年とんと変わってない。

□ **家パジャマが基本。**

□ **ステキ部屋着なんて持ってない。**

□ ジャージとスウェットは必須アイテム。

□ だし、ゴムとか伸びてる。ボロ布と化している。

□ でもそれを愛用している。それがいい。

□ **パジャマを洗うのは週末だけ。**

□ 店ビールより家ビール。

□ お茶ですか？　ってくらい平然と飲む。

□　整髪料なんてメンドー。

□　もっぱら水。
寝グセ→水ちょんちょん→ちょっと直る→よしオッケ。

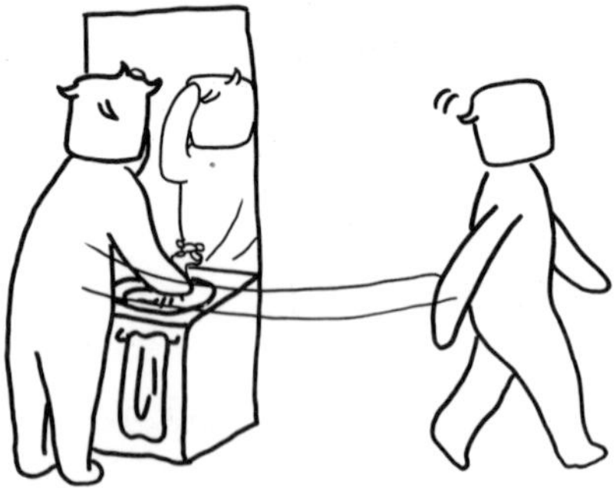

□　まくらの匂いを嗅ぐと落ち着く。
すぅ〜はぁ〜ぁぁぁぁぁ♥

□　ケータイはかけるんじゃない。受けるんだ。

□　**絵文字がめんどくさい。**

□　デコメールでデコしない。出来合いのモノを使う。

□　まわりはコーヒーなのに自分だけ食事を注文。

□　何か？

□　「みんなでゴハン」でも１人だけ先に食べ終わっている。

□　ドリンクバーが好き。

□　サラダバーでお腹がいっぱいになっちゃう。

□　自販機のドリンクは、目の高さに並んだもので決定！　即買い。

□　でもちゃんとおつりを考えながらお金を投入する。

□　そこそこ缶コーヒーが好き。

□　とか言う割に最後まで飲み干さない。

□　じゃんけんは３回勝負がいい。

□　１回だけじゃ理屈が通らないし……なんたら～。

□　相手の性格を分析し、何を出すか決める。
「よし、グーだ！」

□　でも負ける。

□　話せば面白いのに、文章を書くと急に堅苦しくなる。

□　一年に３回以上、バイト先を変える。

□　お別れなんてヤダ、ずっと離れたくないよー。しない。

□　じゃ、次行くんで。

□　**歩くスピードが速い。どんどんどんどん。**

□　しかも、このまま足を止めたくない。

□　だから信号に引っかからないように意識して歩く。



□　前方の信号が「赤」になると、いきなり右に曲がったりする。

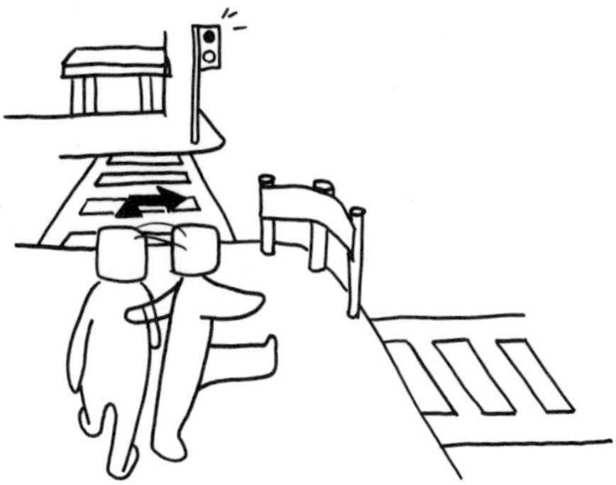

□　とにかく方向転換してでも、前進し続ける。
あ、赤だ。右向け一右！

□　エレベータでは「階数」より「閉」ボタンを先に押す。

□　でも早く「階数」押さないとまた扉が開いて、
めんどくさいことになる。なった。

## □ エスカレータで歩く方。

□ 歩いてきた勢いのままのりたい。

□ のに、スタスタスタ、ン゛――――――――。

□ 「遅っ！」と思う。

□ し、……んむむぁぁぁぁああ歩く！　ってなる。

□ ガマンできない。

□ マイカーを猫っ可愛がりしない。車は車。
落ち葉とか積もってても、また今度。

- □ 貸した金は忘れない。
  アイツにまだ返してもらってないよ。10円。

- □ でもケチじゃない。

- □ おごりで主役の座を買う。よしよし。

- □ 機械やパソコンに強い。

- □ 人差し指だけでキーボード？　むしろそっちのが難しい。

- □ ひとつのフォルダが10階層くらいになっている。

- □ それがいっぱいあっても「何がどこ」ってゆーのは分かってる。

- □ ちょこっとメモ程度でもパソコンで打ってプリントアウト。
  カチャカチャ……、ヴィ――――ガー、ガー、ヴィ――――。

□ **動物が好き。**

□ ペットを飼ったことがある、飼っている。

□ でも自分ではあんまり世話してない。

□ はっきり犬派だ。

□ 彼らは甘えてくるからよい。

□ せまいところで犬と一緒になってドタドタする。

□ ダダダダダ。ダダダダダ。ダダダダドテっ。

□ でも時々めんどくさくなって、ああああああああああジャマ。
って思う。

□ 1人で外にいるとき、全然知らない人の会話を盗み聞く。

□ それを、誰かに話すネタにする。
「今日、こんな会話してる人が……」

□ 「モッテモテになってやる！」ってガンバろうとない。

☐ メニューの注文は一瞬で決まる。ペラっ、これだ！

☐ しかも単品じゃなく、セットが多い。
だって全部付いてるから。

☐ 回し飲みとか直箸に抵抗はない。
「お前、ハシくっついちゃったじゃんかぁ。あぁ、もうあああぁぁぁぁぁ」しない。

## ☐ 「夜は自分の時間だ、好きなコトしてやるー」
## と、自分で自分を甘やかしてみる。

☐ 豪華で不便な一戸建てより、質素で便利なアパート派。

☐ 掃除たいへんだし、電気のスイッチ分かんなくなっちゃうから。

□　「一歩前へ！」って書かれた貼り紙を、店のトイレで発見するとウレしい。ルンルンする。

□　でも「前へ出よう！」とか思わない。

□　書いてあったよって誰かに言いたくてウズウズする。

□　でも席に戻ってくる頃には忘れてる。

□　「何話してた？」とか全然違うこと言う。

## □　誘導尋問が得意。

□　取調係になったら「落としのプロ」になる。だろう。

□　アメとムチをうまく使って最後には断崖絶壁に追い込む。

□ 絵やマンガを描くのが好きだ。ヘタクソなのに。

□ 結構キモチワルイ絵を描く。なんだこの線のゆがみ。

□ カレーがスキ。

□ ハヤシがキライ。何でゴハンが甘いんだ!?

□ カップ麺のフタはちょびっとくっつけたまま食べる。ジャマなのに。

□ だってはがそうとして水滴がダラダラ〜うわ！ たれたよぅ。あぁ。とか考えるだけでメンドくさい。

□ で、汁すする時、顔にベチョする。

□ 一週間つづけてカレーを食べたことがある。

□ 食い意地は張っているがこだわりはない。

□ 缶詰やレトルト食品が大好物。

□ **食いしん坊。**

□ なのに、淡々とモグモグするからおいしそうに見えない。

□ なんだっていい、まずは残飯ででも空腹を満たせれば。
えっと、たしか昨日のおこわが残ってたハズ。

□ ↑っていうのを、心の中じゃなくて口に出して言う。
誰もいないのに。

□　料理をつくるまでは早い。

□　でも後片付けはしたくない。

□　そのうちたまりすぎて、大変なことになる。

□　流しを避けて通りたい。
　　でもムリなんだ、この間取りじゃ。

□　ホームレスも悪くないな、と思う。

□　し、すぐに溶け込めそう。

□　で、段ボールハウスの構造にあれこれダメ出ししそう。

## 5　プログラム　　仕事／勉強／恋愛

□　**許可を得ず、独断で事を進める。どんどんどんどん。**

□　そのせいで怒られても、どこ吹く風。ピュー。

□　だって押さえるとこ押さえてるモン。いいじゃんかよー。

□　作業ははっきり分担したい。

□　自分の分が終わったら、はい、さいならー。

□　他人のミスで自分がガミガミ言われたことがある。

□　「まあ、でもいいよいいよ」ってかぶってあげる。

□　その後、恩着せがましく言いよったりしない。

□　いいヤツだなぁ。自分。

□　本業よりも副業のほうがなんか稼げてる。

□ ライバルの存在で自分の芽を出す。

□ でもあと一歩のところで天下取れない。
「うんむんんんん、あっ、クソッ！」と思う。

□ 出世したい願望はナイ。はず。

□ というか、そういうトコは要領が悪いんだよなぁぁあああチクショウ。

□ 「きみしかいない！」の言葉に弱い。

□ まぁ、お世辞だよ。でもそっかぁ。自分しかいないか。

□ しょうがないな。で、やる気まんまん。

□ **あちこち手を出しすぎて自分の仕事が山になる。**
「ああ、なんで引き受けたんだ。ムリだろうがぁぁぁ」

□ 実力で勝負したいと思っている。

□ でも無理そうなら別にイイ。

□　引き際はアッサリ。

□　正当に評価されてないのが、不安ではなく不満。

□　「じゃあ、それを明日伝えてみたらいいんじゃないかな」
とか言われてもしない。

□　けど、どこかでずーっと機会を狙ってる。

□　自分で決めた順番は、ひとつ飛ばして先へ進めない。

□　だからけっこう時間がかかる。

□　ひとつひとつが丁寧。でもこれが実は一番早い。

□　と、頭の電卓がはじき出しているよ。

☐ **キライな授業はやる気なんて出さない。**
嫌いなものは嫌いと態度で示す。

☐ 先生があからさまにイヤ〜な顔をしてもひるまない。

☐ イヤならおまえがどっか行け。と思いながら自分が去ってゆく。

☐ **のみこみの早さは異常。**

☐ 目に録画機能がついている。映像とかで覚えている。
「えっと、ちょっと待って。巻き戻すから」

☐ テストの前には綿密なスケジュールをたてる。

☐ どんなコトにも、傾向と対策は欠かせない！
って問題集のフレーズみたいなこと思う。

☐ 全ての範囲から「ココ！」ってとこを押さえるのが上手い。

☐ 合格ラインぎりぎりの正答率で受かれば大成功。
「っっし。勝った！」ぎりぎりなのに。

□ 気に入らないクラス替えで成績がガタ落ちる。
ガターン↓

□ ものすごく分かりやすい。やる気度が。

□ **予習はやりすぎるのに復習はしない。**

□ それが見事、私生活にも反映されている。欠点として。

□ **教わるときは貪欲。ガッツリ食いつく。**

□ まず手始めに質問攻め。
なんで？　どーして？　ここは？　ねぇ、聞いてる？

□ 中途半端に教えられるとヤダ。納得できない。

□ そして人に教えるのはめんどくさい。後回し、後回し。

□ **そういえば理科が好きだった。**
6時限ぶっ続けてもヘイキ。

□ こうしたらこうなるってゆー過程が大好き。

□ 成績を見ると、英語より算数。

□ 音楽より理科。

□ でも、そんなのはべつにいいやと思っている。

□ 好きじゃないんだもん。
そーゆー科目があってもなにも不思議じゃない。

□ って自己完結する。

□ **円周率を覚えたい。やらないけど。**

□　誰かと誰かのキューピッドになる。バッサバッサ♥

□　でも自分がいなくてもたぶんくっついてた。

□　何か1人でがんばっていたな。でも2人が幸せならいいや。
とかキザっぽいコト思う。

□　でも、キザじゃないんだ！　そう見えちゃうけど、
ホントにそう心から思っているんだ。ちがうんだよ。
と思う。

□　でもうまく説明できない。

**□ 「運命」じゃない。**

**□ 「ビビっと」こない。**

**□ 一目ボレなんてしたことない。**

□ 好きな相手がいてもなかなか自分から動けない。

□ ずっとウニャウニャしてるうちに、トンビに油揚げ。
チっ。やられたぁー。

□ とか思うけど、ホントは自分でさらう気もなかった。

□ でも取られるのはくやしい。し、プライドが許さない。

□ 「別に好きじゃなかったしぃ」って精いっぱいの強がり。

- □ **誰かが自分のコト好きと知ると、その人は「恐い人」になる。**

- □ 近づいて来るほど遠ざかってゆく。
  こっち来んなっ。

- □ じっくりじっくり「好き」の気持ちを育てたい。

- □ 話せなくても、近くに恋人がいるだけで幸せ。

- □ 付き合っても映画館よりは自宅派。

- □ **たまに恋人が隣にいることを忘れる。たまに？**

- □ 婚期に逃げられた。ガーン。こんなはずじゃなかった。

## 6　トラブル・故障した時は　自己崩壊

□　**淡々としていて、いきなりしでかす。**
待ってましたー♪　みたく。

□　しかも、スパンが長い分やることデカイ。
火山みたい。怖。

□　**怒らすと、鬼。**

□　仏が一瞬で消える。

□　で、相手が焦って一生懸命フォローする。

□　が、「そんなんどーでもいいわ！　もう知らん、もーいい」ってすべてを拒絶。

□　さっきまで笑っていたのに、いきなり怒りだす。
「あははは。そうじゃないよ！　もういい」

□　さっきまで笑っていたのに、いきなり無表情になる。
「あははは。…………」

□　**冗談は通じない。**

□　**ブラックジョークでキレる。**

□　**精神的に追いつめられると、人がビックリするような怖いことする。**

□　いきなり皿を割ったりする。バリーン。バリーン。

□　一瞬、なんで？　って思うけど、もームリ。止まんない。

□　後日、「あれ？　あの皿どこしまったっけ？」って捜す。

□　失敗したときの対処法はいつでも万全。

□　でも、それすら失敗すると思考停止。

□　もぉ、分かんない。ナニ？　ドコへ？　ソレガ？　へぇ。

□ 自分を演じているうちに、ホントに「こうゆー人間なんじゃないか」とか思い出す。

□ **たまに信じられない大失敗をやらかす。信じたくない。**

□ 平静だけど、内心がものすごいことになっている。

□ ときどき暴走する。

□ 止めてくれる人が必要だということに薄々気づき出した。

□ 勝手に自分へのレッテルを貼るな！　と思う。

□ し、めずらしく反撃する。
ひっぺがしてやる、こんなモノ！

- □ **ノリノリになったら誰にも止められない。**
- □ **大大大暴走。**
- □ **それで「恥ずかしい感じ」になっても気にしない。**
- □ 突然ほかのことがしたくなる衝動。
- □ 理由なんてものはない。
- □ でも、もぉ我慢できないから中断してそっちに走る。
- □ で、さっきやってたことを忘れた。
  あれ？　なんだったっけ？
- □ そのうち、思い出すことすら忘れる。

# 7　メモリー・その他　記憶／日常

□ **子供の頃、「不思議な子」だった。**

□ かくれんぼの最中に黙って家に帰る。すぅーっと。

□ 悪気はない。

□ 子供の頃、「わがまま大王」だった。

□ 今は、穏やかなもんだ。わがままなんて言いません。
ちょっとしか。

□ **昔からなんとなく勉強がデキた。**

□ 「がんばってるね」ってみんなに言われた。

□ **そのたびに、「別にがんばってまセン」と思う。**

□ 小学生のときからオセロや将棋が強かった。

□ 「強い者いじめ」されたコトがある。

□ でもあんま気にしなかった。

□ それで相手を逆なで。

□ でもメンドクサイから「放っとく攻撃」をしてた。

□ 幼い頃から親にベッタリじゃなかった。

□ 甘ったれなかった。

□ **遠足は行くまでが遠足。**
**楽しいのは当日よりも準備。**

□ おやつのお菓子は全部ひとつ10円の駄菓子。

□ 誰よりもはしゃいでいたが、突然静かに……。

□ ……ガサゴソガサ。……しばらくお待ちください。

□ よく吐く。

□ バスの揺れに弱いのをいつも忘れて乗車する。

□　**居留守を使うのに躊躇がない。**

□　**「いません」という自分設定。**

□　でもバレバレ。こっそりしないから。
いないよー。ガタガタ、ドタン、スタスタスタ。

□　旅行に行く前にガイド本を3冊は買う。

□　持ってくモノは最低限。

□　小さくまとめるコトに喜びを見いだす。
よし、入った。非常に満足。

□　**英語がだめでも外国人にビビらない。**

□　日本人としての誇りがスゴイ。

□　海外旅行に行っても日本語でゴリ押す。
「あー、コレぇ、とぉ、コレぇ。オーケー？」

□ **衝動買いして後悔しない。というか考えない。**

□ でも衝動買いで失敗をする。二度と使わなくなる。
一度も使ってないけど。

□ 後悔じゃない。「無かったコト」にするだけだ。

□ 日記をつけるのが苦にならない。

□ 読み返すたびに解読不可能な文字に遭遇しうろたえる。

□ なんか知らないけど3年以上続いている。

□ うっとうしい髪の毛を自分で切った。

□ 失敗した。

□ やんなきゃよかった。なんで自分で切ったんだろう。

□ しょーがない。で、変な髪形のまま人前に出る。
変なのに。

□　急に感傷的になることがある。

□　だからどうってわけじゃナイんだけど。

□　**1日を自分のペースで過ごしたい。**

□　誰にも決められたくない。し、させない。絶対。

□　朝起きて、「ぼ――――」の時間はとらない。

□　でも寝起きは全然すがすがしくない。

□　なのに、いきなり電話で起こされても普通の声出す。

□　んのヤロー。てんめぇ。ってホントは言いたい。

☐ したくは光速。動きを止めない。こだわらない。

☐ それより寝ていたいし、早く出ないといけないし。

☐ **寝坊しても冷静。**
無駄にあがかないでサクっとあきらめる。

☐ 切符を買うための小銭を切らしたことがない。

☐ **1円玉や5円玉まで硬貨投入口にいれる。**
**戻ってくるのに。**

☐ たとえ満員でも、各駅よりムリヤリ急行。
ギュウギュウ。「痛っ、足踏むな！」

☐ でもやっぱ急行。

☐ 電車で割と席をゆずる。

☐ 「いいです」って言われたらしょげる↓

□　ある一定のワードに過剰反応する。
「それちょっと使い方がちがうよ」
「その言葉ってそーゆー意味じゃないよ」

□　なんとなくニュアンスで使ったりしない。

□　し、使っている誰かが気になっちゃう。

□　そうじのオバちゃんと世間話する。した。

□　１人で歩いているとき、前を行く人を追い越す。
一瞬のすき間をぬうようにサっ、サっ。

□　で、信号待ちで追いつかれる。

**□ 信号が青に変わるカウントダウンする。**

□ よし、当たった。

□ で、ニヤニヤする。

□ でも、よく焦ってフライングする。

□ 恥ずかしくなる。

□ で、ニヤニヤする。

□ 道でコケるとオーバーリアクションする。
「痛っ！　イテテテテテ。あぁ痛ーい。痛いよー！」

□ 今夜の野球とかサッカーとか気になってくると、
時や場所はカンケーなく口にする。

□ お気に入りのスポーツ選手がいると、
事あるごとに話につなげる。

□ で、身内でもないのに身内自慢みたいなことする。

□ 入り口にあるカレーライス見本の「皿からズルリ」が
んんむぅんぁぁぁぁああああ。ってなる。
ズレてるよ、ねえ。は・み・で・て・ま・す・よ！

□ 居酒屋で、料理をいっぱい注文する。

□ だってテーブル寂しいのイヤだから。

□ で、残しちゃう。

□ それを人に食べさせようとする。
「もっといっぱい食べな」とか言って。

□ 自分が残したのに。

□ ナベ奉行。やりたくないけど、やるときはやる。

□ やったらやったで、とことんこだわる。

□ 出来上がるまでが勝負！　誰にも手出しはさせんっ。

□ 今、このナベは自分のフィールド。

□ でも出来ちゃったらもう放ったらかし。
どーぞお好きなように召し上がれ。

□ 風呂の中で考え事をしていると、
知らないうちにドラマ２本は終わってる。

□ ゆであがる。自分が。

□ そういえば今日１日だれとも話さなかった。

□ 「おやすみ」と自分につぶやいてみる。

□ なんだかいい夢が見れそうだ。ムニャムニャ。

□ その夜、悪夢を見た。

□ 食べ損なった物のことをずっと覚えている。

□ いつか食べてやろうと狙っている。

□ 寝相がいい。

□ あと、座ったまま寝れる。（武士みたいに）

□ 悲しいニュースを見ると悲しくなる。し、痛くなる。

□ のに、そう見えないのが今日一番の悲しいニュースでした。
ガーン。

## 8　その他シミュレーション その時AB型なら

□　童話『ヘンゼルとグレーテル』

親に森で置き去りにされました。二人がAB型だったら。

→兄「おう、お前どーする？」

妹「うん、とりあえず帰る。道分かるし」

兄「じゃあ、オレこのまま家出るわ。働きたいし」

妹「分かった。じゃまた」

兄「じゃ」

□　童話『北風と太陽』

旅人のコートを脱がせるのはどっち？　どちらかがAB型だったら。

→どーして競うの？　なんのために？　コート脱がしてナニがあんのよ。
なんでそんなコトやんなくちゃなんないの。やだー。
って、やらない。

□　童話『ハーメルンの笛吹き男』

ネズミ退治の報酬をくれなかった腹いせに、子供たちを隠します。彼がAB型だったら。

→街中をもう一度ネズミだらけにする。
そんで報酬２倍♪
うまくいったら、今度はネズミを出したり引っ込めたりする。

□　童話『金のオノ、銀のオノ』

あなたの落としたオノは金のオノ？　銀のオノ？　普通のオノ？　木こりがAB型だったら。

→ボチャン！→「あー、落っことした。ガーン」→
　とりあえず帰る→スタコラー→
　女神様もスカシをくらう→END→
　後日談、素もぐり名人に取ってもらった。

□　童話『シンデレラ』

姉たちにこき使われる毎日。「髪をとかしてちょうだいシンデレラ」。シンデレラがAB型だったら。

→シンデレラ、舞踏会をサボる。そして家出をはかる。の巻。

□　昔話『ウサギとカメ』

どちらが速いか競争しよう。ウサギがAB型だったら。

→カメってゆーより自分との闘い。自己ベストを狙って、トレーニングに励む。

□　童話『赤ずきん』

狼に食べられるも、助けてもらいハッピーエンド。

彼女がAB型だったら。

→「どうしておばあさんのおめめはそんなに大きいの？
どうしてお耳がそんなに長いの？
どうしてお口がそんなに大きいの？」

「それはね……お前を……た」

「あ、ちょっと待ってまだあるから。
どーして毛深いの？　どーして声違うの？
どーゆー病気なの？　どーしてあたしが見舞うの？　どーして……」

狼を大混乱に落とし入れる。

□　童話『おおかみと七匹の子やぎ』

狼が訪ねてきた時、うっかり家の扉を開けちゃった。さぁ、どこかに隠れなきゃ。子やぎの1匹がAB型だったら。

→てゆーかまず扉を開けない。居留守ですよ。いませんヨー。

せっかくの親不在を満喫。やりたいコトをし倒す。

誰かがうっかり扉を開けちゃったときは、狼と交渉。

「とりあえず、今日返事はできないと思うので後日あらためて。

じゃ、そゆことでお帰り下さい」

□　昔話『桃太郎』

きびだんごで仲間をつり、共に戦います。

彼がAB型だったら。

→鬼退治をやる気まんまんの人にまかせる。自分はだんご屋になってそーゆー人相手に商売。

「安いよー、安いよー。こんな安いもんで仲間になるなー」

□　昔話『かぐや姫』

月からのお迎えがきて、おじいさんおばあさんと泣く泣くお別れ。姫がAB型だったら。

→月についたら手紙を書く。パパママＤＡＹは贈り物を欠かさない。

お休みをもらって里帰り。お土産どっさりでまた月生活。

たまに米を送ってもらって、餅つき大会を開催。

これで月での信頼度アップをはかる。いろいろ上々。

□　童話『白雪姫』

毒リンゴで死んでしまう。彼女がAB型だったら。

→「よし、これで王子様に助けてもらえるわ。生活安泰。ラッキー」

□ 昔話『つるの恩返し』

助けてくれたお礼をします。つるが AB 型だったら。

→機織り？　時間かかりすぎっ！

もっと効率よくできるマシーンを作り大成功。

「あのときお世話になった恩人」としてじじばばを紹介。

□ 童話『マッチ売りの少女』

雪の中で必死に声をかけるも、一向にマッチは売れません。

彼女が AB 型だったら。

→寒いのヤダー。だから木を燃やして自分のまわりを暖かくする。

同時に、「マッチ１本でこんなにあったか」アピールする。

そしてバカ売れという魂胆。

□　童話『裸の王様』

子供が指さして笑い出しました。「あの王様、裸だ！　アハハハ」

まわりの大人がAB型だったら。

→そっと王様に服を差し出す。かわいそうだから。色々と。

# 9　計算の仕方　AB型度チェック

すべての項目チェック終了です。
まだ足りないよと思う方は、さらに自分を知ってみましょう。

これから、自分がどのくらいのAB型度なのか調べてみましょう。
でも、数えるのはめんどうなので、だいたいで良し。下から選んで下さい。

A　オールチェック。
B　ページあたり1、2コはチェックがつかない。
C　ページあたり4、5コはチェックがつかない。
D　ページのほとんどチェックがつかない。

〈結果〉
A　人は人。自分は自分。とにかくはっきり割り切っている。だけど、まわりからは変わってると思われてるかもしんない。
B　ちょいちょい、きっちりしたい型。頭の整理整頓は大得意。けっこう鼻高々なとこがあるけど、折られても気にしない。
C　穏やかで誰にでも優しくできるステキな人。でも空振りの親切で、しばしば悲しい思いをする。

D　ふ〜らふ〜ら、宙に浮いている。あぁこのままがいい。
　夢の中を泳ぎたい。ってず———っと帰って来ていない。

お疲れさまです。しかし、
実はまだ終わっていません。
今の結果は全部でたらめです。忘れて下さい。
その代わり、結果を見て何を思いましたか？
下から選んで下さい。

1　違う。違うよ。そうじゃない。自分は違う。って思った。
2　そーなんだけど、ちょっと違うんだよなーと思った。
3　勝手に決めつけんなっ。ほっとけーと思った。
4　よく分かんない。めんどくさいし、それどころじゃない。

〈結果〉
1　それもAB型。
2　それもまたAB型。
3　そういうのもAB型。
4　そういうとこもAB型。

つまり、AB型度なんて知るか。です。
人間だもん。AB型だもん。色々あるもん。です。
自分が思うAB型が「AB型」ってもんです。それでいいんです。
それがいいんだ。

# さいごに

□　新しい自分を発見できた。

□　はじめに手を付けたところから流れ流れて、今いる場所にたどりついた。

□　それはそれで満足している♪

「という人間です」

これがAB型の全てではありません。
AB型だけに当てはまることでもありません。
AB型だからこういうわけでもありません。
人は十人十色ですから、アナタにはアナタの、
あの人にはあの人の、
それぞれが作り上げてきた「自分」があります。
それは、たった1人しかいない人間が、
たった1つしかないこれまでの時間の中で、
色んなピースを集めて組み立ててきた唯一のモノ。
だからこんな小さな世界に閉じ込めることは到底不可能です。
だた、目の前の今に一生懸命だったせいで、
今までは自分を知らなかったAB型の、

AB型のことをちゃんと知りたい誰かの、
少しでもお手伝いができたなら。

さいごに、ご協力いただいたAB型のみなさま、この本を手に取ってくださったみなさま、応援してくださったみなさま、担当の方に心からの感謝を。

Jamais Jamais

## 著者プロフィール

**Jamais Jamais**（じゃめ じゃめ）
ある年のある水曜日、東京都に生まれる。
大学の工学部をリタイア後、美大の造形学科でリスタートを切る。
現在は建築設計を生業としている。
周囲にはなぜか一風変わった、ユニークな人間が多数生息。
彼らが軒並みＢ型であったことから、血液型に興味を持つ。
著書に『Ｂ型自分の説明書』『Ａ型自分の説明書』（文芸社）がある。

# AB型自分の説明書

2008年６月20日　初版第１刷発行
2008年７月５日　初版第３刷発行

著　者　Jamais Jamais
発行者　瓜谷 綱延
発行所　株式会社文芸社
〒160-0022　東京都新宿区新宿１－10－１
電話　03-5369-3060（編集）
03-5369-2299（販売）

印刷所　株式会社平河工業社


ISBN978-4-286-05098-0